# PRÉFACE.

LUCRÈCE, en donnant l'énergie de la nature pour ame à tout ce qui vit sur la terre, et Spinosa, en ne faisant du monde entier qu'une seule et même substance, ont anéanti de fait l'ame de l'homme : puisque, dans ces deux systèmes qui, au fond, n'en sont qu'un, l'ame n'est pas distincte de la matière.

C'est pour réfuter ces deux Apôtres de la philosophie moderne, que j'ai donné il y a près de 20 ans, les *Questions Philosophiques sur la Religion*, et il y a dix ans, la petite *Théorie de l'ame des bêtes* ; deux

a ij

ouvrages très-propres, je pense, à les confondre.

Locke et Condillac animés d'un noble et légitime orgueil, n'ont pas voulu ravaler ainsi notre ame au niveau de la matière, mais ils n'ont pas su l'en distinguer assez, puisqu'ils ont placé ses facultés, dans les organes des sens; ce qui est d'une fausseté repoussante, et ce que je me propose de combattre ici plus particulièrement.

L'abbé de Lignac, dans les lettres d'un Amércain, a déjà réfuté, il est vrai, ce dernier système; mais outre qu'il n'a pas tout dit, et que ses raisons n'ont point paru victorieuses à la plupart de ses lecteurs, j'ai aussi moi-même sur cette matière un

# ANTI-CONDILLAC

*OU*

# HARANGUE

## AUX IDÉOLOGUES MODERNES,

*SUR*

L'ame de l'homme, ses facultés constitutives, l'origine et la certitude de
ses connoissances, son immortalité
et ses destinées.

---

Mentem nosce tuam ; tua mens est omnia quæque
sentis, cognoscis, vel bene vel male.

*A PARIS.*

Chez {Aubry et Moreau, Lib. Quai de la Vallée,
Laurent le jeune, Lib. rue St. Jacques.

---

An IX de la République.

# Autres Ouvrages du même Auteur en vente à Paris.

*L'Ami Philosophe et Politique*, chez Théophile Barrois, le jeune, Libraire, rue Haute-Feuille, N.º 22.

*Questions Philosophiques sur la Religion naturelle*, chez Laurent, le jeune, rue St. Jacques, et Aubry, Quai de la Vallée.

*Lettres critiques sur plusieurs questions de la Métaphisique moderne*, chez les deux mêmes Libraires.

*Théorie de l'ame des bêtes*, chez les mêmes.

*Leçons métaphisiques sur l'existence et la nature de Dieu*, chez les mêmes.

*Questions aux Philosophes du jour sur l'ame et la matière*, chez les mêmes.

nouveau système à vous présenter, fondé sur la nature mieux connue de notre ame et propre, je crois, à vous désenchanter de la doctrine peu consolante de Locke et de Condillac. Il ne faut pour cela que vous prouver :

1.° Que nos facultés de sentir, concevoir et juger sont fondées sur nos sensations, nos idées et nos sentimens innés, développés ou indéveloppés.

2.° Que ces élémens spirituels sont les modes substantiels qui constituent notre ame.

3.° Que ces modes sont nécessairement représentatifs de toutes les essences des êtres existans et possibles dans l'ordre des créatures.

4.º Qu'en examinant notre ame ainsi conçue, dans le silence des préjugés et des passions, nous pouvons y lire clairément toutes les vérités qui nous intéressent : *mentem nosce tuam*, *etc.*

On me reprochera peut-être de faire ici un pas rétrograde vers le système abandonné des idées innées ; mais qu'importe ? il faut toujours reprendre le chemin de la vérité, quand on a eu le malheur de s'en éloigner.

# PARTIES
## DE LA HARANGUE.

---

### I.

LES erreurs des Philosophes viennent de leurs préjugés sur l'origine de
nos sensations, de nos idées et de nos
sentimens.

### I I.

On en trouve le remède dans le
nouveau système qui forme nos âmes
de sensations, d'idées et de sentimens,
comme modes substantiels.

### I I I.

Ce système nous fait mieux voir
Dieu, developpe mieux nos sentimens

religieux, et prouve mieux que notre ame est radicalement indépendante des organes et des objets extérieurs, dans ses fonctions.

## I V.

Ce système fait soupçonner en nous, un désordre originel, nous découvre des principes d'immortalité, et sépare notre sort de celui des bêtes.

## V.

Ce système constate la certitude de la métaphisique et de la morale, aussi bien que de toutes les autres sciences.

## V I.

*Peroraison.*

# ANTI - CONDILLAC,

## OU

## HARANGUE

### AUX IDÉOLOGUES MODERNES.

---

## I.

O PHILOSOPHES de nos jours ! sages du siècle dans lequel nous entrons, vous que vos talens préparent et destinent à éclairer la terre, quelle école allez-vous élever, au milieu de toutes les opinions qui divisent aujourd'hui les hommes ? Allez-vous, en humbles esclaves, et sous les bannières impies de Lucrèce et de Spinosa, nous enseigner, sans honte, comme eux, que tout est matière, et que l'opinion des esprits n'est qu'un préjugé de l'éducation ? ou, humiliés d'une déraison si palpable , passerez-vous sous les enseignes vagabondes des tortueux et incertains Locke et Condillac, pour nous répéter , sans cesse , avec eux , que tout vient des organes des sens ; que nous ne saurions rien faire sans eux , et qu'il n'est pas sûr si Dieu ne peut pas faire penser la matière ? Ah ! ces systèmes , quoique vous puissiez en dire , ne peuvent qu'avilir ces ames divines que Dieu n'a attachées à des corps que pour embellir la terre , bénir celui qui leur a donné l'être , et mériter par le bon usage de la liberté et des talens, le bonheur destiné à ceux qui aiment et suivent l'ordre.

Vous avez senti, sans doute, ô mes Concitoyens ! sur tout dans les orages de nos révolutions , combien de maux ces systèmes ont faits dans tous les temps , et ceux qu'ils nous préparent encore , si nous continuons à les suivre ; pourquoi donc adoptez-vous , si légérement , l'une ou l'autre de ces opinions philosophiques ? Pouvez-vous approuver le système désespérant de Lucrèce et de Spinosa, qui, enfouis dans la matière ne peuvent s'élever jusqu'à la Divinité, et ne reconnaissent que des corps? ou préconiserez-vous celui presqu'aussi affligeant de Locke et de Condillac, qui placent dans les sensations qui sont toujours aveugles et bornées au corps, les idées et les sentimens, qui sont toujours lumineux, et qui s'étendent à tous les objets, soit corporels, soit spirituels? Ah! la lumière ne sauroit sortir des ténébres.

Quelles raisons avoient Lucrèce et Spinosa de regarder l'ame comme corporelle? La matière dont les corps sont composés est-elle capable d'autre chose que de repos et de figures? Et, si elle a du mouvement, ne le doit-elle pas tout entier à une ame différente d'elle-même, ou à des lois phisiques qu'elle a toujours été incapable d'établir? Nos idées, nos sentimens, nos sensations elles-mêmes n'ont rien de semblable à la matière, et ne sauroient par conséquent en être les effets.

Lucrèce et Spinosa diront-ils que l'ame étant inétendue, elle n'a qu'une existence négative ? Mais ne peuvent-ils donc concevoir ces deux inclytes de la pseudo-philosophie, qu'inétendu pour l'ame, veut dire spirituel, comme indivisible, pour l'atome, veut dire simple, unique?

Diront-ils que l'ame est un être de raison, imaginé par l'orgueil? Mais un être qui est intelligent et libre, peut-il être imaginaire ou le fruit de l'orgueil? Est-ce par instinct et sans raison, comme les bêtes, que nous enfreignons, ou que nous suivons les lois? Est-ce par nécessité, comme la pluie, en tombant, suit le mouvement de sa chute, que nous faisons le bien ou le mal? Si cela est, nous ne sommes donc plus que des automates, ce qui est contraire au sentiment intime que nous avons tous de notre liberté.

Diront ils, peut-être, que l'ame elle-même est corporelle, parce que le corps a une existence unique, et que celle de l'ame en est inséparable, puisqu'on ne la voit pas hors du corps? Mais n'est-ce pas toujours l'ame qui a la conscience de ces deux existences? Si

l'ame

l'ame se voyoit hors du corps, elle se verroit là où elle n'est pas ; ce qui est absurde.

Enfin, diront-ils que nous connoissons mieux la matière que l'ame ? Mais qu'est-ce qui en nous, connoît la matière ? n'est-ce pas l'ame ? Or, pourquoi l'ame connoîtroit-elle mieux la matière, qu'elle ne se connoît elle-même ?

Passons maintenant à Locke et à Condillac ; qu'elles raisons avoient ces deux chefs de la philophie du 18.e siècle, d'attacher aux organes des sens les sensations de l'ame, de présenter ces sensations comme les matrices de nos idées et de nos sentimens, et d'enseigner que Dieu peut lier les contraires, en attachant la pensée à la matière ? Pouvez-vous, ô mes Concitoyens ! regarder ces deux philosophes comme des penseurs profonds et bien fermes dans leurs propres opinions, eux qui n'ont pas su nous dire comment, dans leur système, la sensation peutêtre le commencement d'une pensée, ni si le commencement d'une pensée peut être la fin d'une sensation ? Est-ce donc pour eux seuls qu'il existeroit

B

des quarts de sensations , des moitiés de pensées ? Non , non , Citoyens , la nature n'admet point de pareilles confusions , et des modes aussi simples et aussi distincts que ceux de l'ame ne sauroient ni être partagés , ni naître l'un de l'autre.

Pouvez-vous souffrir ( non , je ne saurois le croire ) que Condillac , ce novateur que vous regardez comme le père de la philosophie du siècle dernier , détruise , si souvent , dans un chapitre , ce qu'il a l'air d'établir dans un autre ? Est-il bien conforme à son propre système , lorsqu'il dit , (traité des sensations , 2.e partie , chap. 4 : ) *Nous ne saurions rien apercevoir en nous , que nous ne le regardions comme à nous , comme appartenant à notre être , de telle ou telle façon , sentant , voyant , etc.* ? N'est-ce pas là supposer , contre son opinion , que nos sensations , nos idées et nos sentimens sont innés , et qu'ils forment la nature même de notre ame ? Telle est toujours la force de la vérité , qu'elle perce , malgré tous les préjugés , et qu'on ne la tient jamais long-temps captive.

Le système de Condillac est aujourd'hui très-accrédité, je l'avoue, mais quelque bril lant, et quelqu'appuyé qu'il soit, de vieux apôtres et de nouveaux protecteurs, il n'en est pas moins dangereux. Il suit de ce système que la matière peut penser, et que, comme le disoit si faussement Helvétius, le jugement n'est que le récit de deux sensations actuellement éprouvées ou conservées dans la mémoire. Il suit de ce système, que nos idées n'ont jamais que des objets sensibles, et que notre Dieu incorporel est une pure illusion de l'ame. Ces conséquences sont bien suffisantes, je crois, pour faire sentir le danger des principes d'où elles sortent.

Comment Condillac peut-il faire sortir des facultés qui sont simples, d'organes qui sont composés ? où peut-il placer leur point d'adhésion ? Ou nos organes sont la cause efficiente de nos sensations, de nos idées et de nos sentimens, ou seulement leur cause occasionnelle et excitante. Si nos organes sont la cause efficiente de ces facultés, ils en contiennent

donc les germes ; et, comme c'est la matière
la plus éloignée qui contient l'élément de
l'effet futur, nos sensations, nos idées et nos
sentimens sont donc délinées dans les choux,
les raves et toutes les nourritures que nous
prenons ; ce qui est absurde. Si au contraire nos
organes ne sont que la cause occasionnelle ou
excitante de nos facultés, nos sensations, nos
idées et nos sentimens sont donc, quoiqu'en
dise Condillac, délinées dans nos ames elles-
mêmes ; car, on n'excite pas ce qui n'existe
pas ; le fer, par son choc, ne tireroit pas le
feu d'un caillou, s'il n'y avoit pas de feu
dans le caillou.

Mais ce n'est que par les sens, direz-vous
peut-être, avec Helvétius, qu'on peut donner
de l'éducation aux enfans ; sans eux, nous
n'aurions aucune idée de vice ni de vertu.
O lumineux philosophes ! que ce système seroit beau s'il n'étoit pas si loin de la vérité !
Accordez donc le principe avec l'expérience :
si l'éducation ne trouve ni sensations, ni idées,
ni sentimens dans les individus, sur quoi tra-
vaille-t-elle ? Comment les images des choses

se developpent, s'aggrandissent, s'embellis-
sent-elles? Si tout vient de l'éducation, par
le moyen des sens, quelle est l'origine de
ces idées sublimes, qui ont porté plusieurs
disciples au-delà des connoissances de leurs
maîtres? Où prennent, tous les jours, les
leurs ceux qui, dans les sciences et les arts,
font de nouvelles découvertes? Si nos sentimens viennent de l'éducation, par le moyen
des sens, pourquoi un enfant crie-t-il au
brutal qui le frappe sans raison : *quel mal
vous ai-je donc fait?* Ne suffit-il pas pour
cela à cet enfant, du sentiment inné du juste
et de l'injuste? Pourquoi, tandis que l'éducation nous fait envisager Alexandre le grand
comme un héros digne d'admiration, le sentiment moral nous le peint-il comme un heu-
reux brigand? N'est-ce pas-là encore l'effet
du même sentiment inné? Oui, sans doute;
ni l'éducation ni les organes des sens ne peuvent pas plus changer ce jugement de la nature, qu'ôter aux propositions d'Euclyde et
aux principes d'Archymède, leur évidence
naturelle.

B 3

La sagesse des lois, direz-vous, en réprimant les penchans vicieux forme les hommes. D'accord, mais, ô mes Concitoyens ! d'où vient la sagesse des lois elle-même ? n'est-ce pas de la nature ? Si le peuple n'avoit pas naturellement l'idée et le sentiment de l'ordre, comment les Législateurs lui feroient ils comprendre l'intérêt qu'il a de le suivre ? Une preuve que les principes de la loi naturelle ne viennent pas des lois positives, ni de l'éducation, c'est que l'homme pervers n'a jamais pu réussir à effacer entièrement les principes de la morale, ni en lui-même, ni dans les autres.

Que direz-vous si j'ajoute que nos sensations elles-mêmes sont innées ? Cependant rien de plus vrai ; car, qu'est-ce qu'une sensation ? n'est ce pas une manière d'être de l'ame relativement au corps ? Or ce n'est pas le corps qui donne cette manière d'être, puisqu'elle est spirituelle ; donc cette manière d'être étoit déjà aumoins indéveloppée dans l'ame. En effet, la sensation consiste, non dans le jeu des organes, non dans le choc d'un corps contre un autre corps, mais dans la manière d'être de l'ame qui se développe par ce jeu, ce choc.

Je dis plus encore ; nous avons quelquefois des sensations sans organes. Un manchot a tous les jours mal aux doigts d'une main qu'il n'a plus ; et pourquoi ? c'est que le réflux du fluide nerveux vers le cerveau, avertit assez l'ame de l'impression qui s'opère sur les nerfs de ce membre. C'est que si ce fluide ne circule plus dans les phalanges d'une main qui n'existe plus elle - même ; l'ame n'en rapporte pas moins sa sensibilité à cet organe. C'est que le système nerveux dont le cerveau est, à la fois, l'origine et le centre, est le *sensorium commune*, c'est-à-dire, le premier instrument de l'ame, dans sa communication avec le corps.

Direz-vous, avec quelques-uns, que nos sensations sont dans les objets extérieurs ? Mais cela n'est pas plus vraisemblable. Notre ame peut-elle être dans ce qui est hors d'elle ? L'odeur d'une rose n'est ni dans le mécanisme de la rose, ni dans la matière odoriférante de cette fleur, mais dans l'ame seule. Le so regardé hors de l'ame n'est qu'un mouvemen de vibration dans l'air. Il ne devient son proprement dit, que quand, en frappant n oreilles, l'air excite et développe en nous cet sensation. Que seroit la vision, s'il n'y avo pas, sous l'œil, un principe différent de l'œil pour la recevoir? Sans ce principe, cet organ ne seroit qu'un miroir dans lequel les objet extérieurs iroient se peindre inutilement. C'e dans le principe seul qui anime l'œil que se développe la sensation des couleurs et des figures.

J'entends ici Berkeley qui veut que nous ne jugions des corps que par nos sensations, et qui prétend que si nos sensations sont spirituelles, nos corps doivent l'être aussi; mais la réponse à l'évêque de Sloanne est aisée; comme il n'est pas nécessaire que l'homme soit sot, pour juger d'une sottise, ni que Dieu soit corps pour créer des corps, de même il n'est pas besoin d'être corporel pour juger des

sensations , qui sont incorporelles. Un signe
ne ressemble pas toujours à la chose signifiée ,
et la cédule de notre paix avec les puissances
qui nous faisoient la guerre , n'est pas de la
nature des dispositions pacifiques de ces puissances. J'ajoute que, quoique nos sensations
ayent toujours le corps pour objet , elles n'en
sont pas moins spirituelles , ni des moyens
moins sûrs pour juger , quand elles sont
constantes et uniformes , et qu'elles sont ap-
puyées sur le sens intime, et sur le témoignage
de tous les hommes , parcequ'elles sont toujours une partie constitutive de notre ame, et
que la nature ne se trompe jamais.

Vous ne voulez ni sensations , ni idées , ni
sentimens innés ; mais s'il n'y a en nous aucun protolype des êtres , aucune essence in-
telligible , toute vérité , puisqu'il n'en est pas
d'éternelle , peut donc devenir une fausseté ,
tout mal un bien , et réciproquement : or , qui
de vous oseroit enseigner cette philosophie à
sa ménagère ou à son procureur ? Si l'essence
phisique des êtres est fugitive , dans le sens que

Dieu peut la conserver ou la détruire, l'essence métaphisique, ou la convenance des attributs de chaque être et de chaque vérité, n'est elle pas aussi éternelle et aussi immuable que la divinité elle-même? On ne peut assigner, je pense, aucun point de l'éternité, où l'on puisse dire que l'homme n'est pas un animal raisonnable, qu'un cercle n'est pas rond, qu'un tout est moindre que sa partie, etc.

Pas un de vous n'admet le système affreux de Lucrèce et de Spinosa, parce que tous d'eux confondent notre nature avec celle des plus vils animaux; mais, ô sages de nos jours! eussiez-vous même adopté celui de Locke et de Condillac, si vous vous fussiez mieux examinés vous mêmes? Lisez, lisez dans vos ames, en éloignant tous les préjugés d'une éducation qui n'a pas toujours été très-philosophique, et vous y verrez, sans étude et sans gêne, toutes les vérités qui peuvent nous intéresser, et que vous avez souvent cherchées si infructueusement dans les écoles. Vous y verrez l'existence d'un Dieu dans nos sensations, sa

nature dans nos idées, et le culte que nous
lui devons dans nos sentimens.

## I I.

Oui, ô Philosophes! c'est dans notre ame
elle-même que nous trouvons la matière de
toutes nos connoissances acquises et à acquérir ;
c'est en elle que nous voyons les élémens même qui la constituent, c'est-à-dire, toutes nos
facultés sensibles, intellectuelles et sentimen-
tales ; et c'est d'après cette vue que nous concevons que nos sensations, nos idées et nos
sentimens constituent aussi phisiquement nos
ames, que les atomes ronds, crochus, carrés
constituent phisiquement nos corps. Car,
comme il ne reste rien de l'idée du corps, si
on en retranche l'étendue solide en longueur,
largeur et profondeur, de même il ne reste
rien de l'idée de l'ame, si on la dépouille de
ses sensations, de ses idées et de ses sentimens.

Qu'est-ce donc que notre ame, d'après
toutes ces notions? Elle est *la collection in-*

dividuelle des trois modes substantiels créés qui la constituent, c'est-à-dire, des sensations, des idées et des sentimens. Cette définition convient à tous les esprits, parce que tous les esprits ne diffèrent entre eux que par l'incréation, l'aséité et l'infinité pour Dieu, et par le nombre et l'intensité des facultés spirituelles, pour tous les esprits créés. Je dis *la collection individuelle*, pour signifier l'unité de personne. Je dis *des trois modes substantiels*, pour faire comprendre que ces modes, quoiqu'au nombre de trois, sont distincts dans leur substance, sans être pour cela, divisibles. Je dis *créés*, pour distinguer ces modes de ceux qui constituent la divinité. Enfin je dis, *qui la constituent*, pour distinguer notre ame de celle des bêtes, qui n'est formée que de sensations créées et aveugles.

Vous m'objectez que l'ame diffère de la pensée comme une substance diffère de ses modes. Mais depuis quand, ô Philosophes ! une substance differe-t-elle de ses principes constitutifs ? Les modes d'une substance ne

sont-ils

sont-ils pas les seuls principes qui la constituent ? Otez de l'atome l'étendue solide en longueur, largeur et profondeur, que reste-t-il ? Une pensée suppose la faculté de penser ; la faculté de penser inhère essentiellement à la substance dont la pensée est le mode. Qu'est-ce donc qu'une pensée, sinon l'ame, ou l'être pensant lui-même ?

Vous m'objectez que nos pensées sont fugitives ; mais en sont elles moins pour cela, une modification substantielle du même être ? La cire qui forme un pain carré devient elle une autre substance, lorsqu'il plaît au cirier de lui donner la forme ronde ? Vous voyez, ô mes Concitoyens ! qu'il ne faut qu'une erreur philosophique, pour corrompre toute la masse de nos connoissances. L'erreur est de mille espèces, et la vérité toujours une et simple.

Nous concevons, sans difficulté, que tout les corps, dans leur ordre, sont formés par l'assemblage des atomes réunis, en vertu de la loi de l'attraction ; que leur vie n'est que le mouvement de végétation que la loi de

C

l'expansion donne aux atomes qui les composent ; que la force et la santé des corps animés dépendent de l'équilibre exact qui doit
exister dans le mouvement des solides et des
liquides qui les constituent ; que leur mort n'a
d'autre cause que la cessation de ce mouvement occasionnée par l'oblitération ou l'af-
foiblissement des solides , et l'épaisissement
ou la dissolution des liquides. Enfin , nous
sentons que tous les corps sont tenus et arrê-
tés sur la terre , par les lois de l'impulsion
et de l'attraction réunies , qui les empêchent
de s'échapper dans les espaces : pourquoi ne
concevrions-nous pas aussi facilement , que
les esprits , dans leur ordre , sont formés de
sensations pour sentir , d'idées pour concevoir , et de sentimens pour apprécier et choisir
les objets qui plaisent davantage ? L'Être des
êtres , le maître de toute la nature , n'a-t-il
pas , comme nous , puisque nous en sommes
l'image , ses facultés sensibles , intellectuelles et sentimentale sans en avoir les organes ,
dont il n'a aucun besoin ? Et ne dites p

J'approche de trop près dos facultés de celles de la Divinité : elles en sont toujours infiniment éloignées, par l'incréation, l'éternité, l'infinité, et les infinis développemens de celle-ci. Je sais que Dieu ne seroit pas Dieu, s'il pouvoit être compris parfaitement par des esprits bornés, comme les nôtres ; mais rien n'empêche que nous ne concevions assez de son essence, pour le distinguer de tous les êtres créés. Pourquoi ne concevrions - nous pas que la vie de l'ame consiste dans l'action des sentimens qui unit soit les idées avec les sensations, soit les sensations avec les idées, soit les sensations avec les sensations, et les idées avec les idées ? Il est vrai que les développemens de la force et de la santé des ames peuvent être interrompus, dérangés, par leur union avec des corps dérangés ou corrompus ; mais nos ames n'en sont pas moins incorruptibles, en elles-mêmes, puisque les modes substantiels qui les constituent sont spirituels et indivisibles.

Si cela est, nos ames sont donc formées,

non seulement de sensations créées qui les
dirigent à l'égard des objets corporels , mais
enocre d'idées créées qui les éclairent surtous
les objets, et de sentimens également créés, qui
servent à les déterminer librement à l'égard
de ces mêmes objets. Si cela est, vous ne de-
vez donc pas objecter que l'indéveloppement
de leurs facultés amene naturellement leur
mort ; car leur vie consiste dans le développement successif , plus ou moins rapide , mais
continuel, de leurs modes substantiels ; leur
durée dans la simplicité indissoluble de ces
mêmes modes, et leur bonheur ou malheur ,
dans l'usage bon ou mauvais qu'elles font de
leur liberté.

Si cela est , pourquoi dites-vous tous le
jours , ô nos profonds Idéologistes ! vous qui
êtes faits pour découvrir et propager les lumières ; pourquoi dites-vous que nos idées directes ou premières , comme vous les appe-
lez, viennent des organes des sens ? Rien de
spirituel peut-il sortir des organes corporels ?
Si nos idées forment, comme vous le croyez ,

avec raison , le tableau de nos connoissances,
c'est que leur lumière n'est pas corporelle ;
et si c'est l'ame qui apperçoit ce tableau ,
comme vous ne sauriez en disconvenir, c'est
qu'elle est formée elle-même de tous les ma-
tériaux qui le composent : *tua mens est omnia
quæque* , etc.

Vous nous donnez l'analyse , comme le seu
moyen que nous ayons pour discerner les
choses sensibles ; mais pourquoi n'en indiquez-
vous pas un pour discerner les choses insensibles ? Seroit-ce peut-être parce que vous
ne croyez pas à l'existence de ces dernières?
Ah ! si cela est, vous sautez le pas, et selon
vous , nous ne sommes plus que des corps sans
ames , auxquels il n'a pas même fallu de créateur pour exister.

Vous appellez idées secondaires ou réfléchies ce que l'ame fait par abstraction ; mais
ne voyez vous donc pas que ces prétendues
idées ne sont autre chose , puisque c'est l'ame
qui les fait , que ses actions ou jugemens ?
Toute idée générale ou composée, si elle n'est

pas un jugement, est une contradiction dans les termes. Il n'est pas plus d'idées générales que d'atomes composés. L'idée même de l'homme est plutôt un jugement qu'une idée ; car le mot *homme* renferme tous les modes qui constituent le corps et l'ame, avec toutes leurs sous-divisions ; ce qui suppose un jugement implicite.

Il est vrai, comme vous le dites, que nos connoissances soit directes, soit réfléchies ne s'acquierrent que par l'exercice de nos facultés phisiques ou intellectuelles ; mais pourquoi ? c'est que ces conoissances sont formées de nos différens jugemens, et que nos jugemens se composent eux-mêmes de nos facultés plus ou moins bien développées. En effet, il n'y a point de connoissance sans un sujet, un *substratum* intelligent ; et ce *substratum* ne sauroit exsiter sans la collection substantielle de nos facultés elles-mêmes. Dire ensuite, comme vous le faites, que cette doctrine s'oppose au progrès de la raison, c'est, je crois, corrompre soi-même la raison à sa source.

Cette doctrine, ô Idéologistes ? vous déplaît, parce qu'elle suppose que nos idées sont innées ; mais pourquoi ne le seroient-elles pas, puisqu'elles forment la substance de notre ame ? L'idée n'est-elle pas un mode simple de l'ame représentatif d'un objet simple ? Or ce mode seroit-il simple s'il n'étoit pas inné ? Tout ce qui n'est pas esprit est nécessairement composé, à moins qu'il ne soit un atome, et sans doute, vous ne voulez pas faire de nos idées autant d'atomes. Oui, ô Philosophes ! toutes nos idées sont *notre ame elle-même, en tant qu'elle considère librement, on peut considérer successivement la nature objective des choses.* Je dis *en tant qu'elle considère librement*, pour désigner les idées actuelles et développées avec la liberté de les comparer. Je dis, *on peut considérer*, pour marquer les idées habituelles, et celles qui n'ont pas encore été développées. J'ajoute *successivement*, pour faire comprendre qu'il n'est que Dieu qui ait des idées toujours et infiniment développées, soit des êtres exislans, soit des êtres possibles, parcequ'il n'est que lui dont l'intelligence soit infinie et infiniment active.

Vous ne voulez pas non plus de sentimens innés : pourquoi donc, ô Idéologues! admettez-vous l'idée d'une loi naturelle ? La loi naturelle peut-elle exister sans sentimens ? Si vous dites qu'il n'est point de loi naturelle, je vous demande pourquoi un enfant sent qu'il ne faut pas faire à autrui ce qu'il ne voudroit pas qu'on lui fît ? Non, non, ô Philosophes! aucun homme ne peut méconnoître cette loi qui est écrite dans tous les cœurs en caractères ineffaçables : *illuminat omnem hominem venientem in hunc mundum.*

Je conviens que l'essence de l'ame consiste, comme vous le dites, dans la faculté de penser, et que cette faculté suffit à l'homme pour toutes ses opérations intellectuelles; mais sur quoi fondez-vous cette faculté elle-même, si vous ne la trouvez pas dans nos sensations, nos idées et nos sentimens ? Dieu n'a-t-il pas donné à l'ame en la créant, tout ce qui lui

est nécessaire pour remplir ses fonctions, et
sur-tout la matière première de son travail ?
Et quelle est cette matière première, sinon
les sensations pour sentir, les idées pour concevoir, et les sentimens pour agir librement ?

Enfin, si tous les modes qui forment nos
facultés, ne sont pas substantiels ou innés,
dites donc, ô Idéologistes ! en quel temps
l'ame les forme. Avant qu'elle ait vu les objets
extérieurs ? Mais elle ne peut pas plus, alors,
s'en former d'idées, qu'un peintre tirer le
tableau d'un objet qu'il n'a pas vu. Pendant
qu'elle voit les objets extérieurs ? Mais l'idée
est un moyen prérequis pour connoître. Après
qu'elle a vu les objets ? Mais l'idée en est alors
formée. Il y a long-temps, il est vrai, que
cet argument a été fait, mais il est toujours
resté sans solution.

Vous voulez une faculté de penser qui existe
sans idées ; mais cela n'est pas possible. Un
enfant concevroit-il le sens d'une seule parole,
s'il n'avoit pas déjà in développée, dans l'ame
l'idée qu'elle exprime ? Direz-vous que le son

d'un mot produit une idée, comme une p'ante produit son fruit ? Mais, si cela étoit, il ne pourroit y avoir qu'une seule langue sur la terre ; car la différence des mots en mettroit dans les choses. Si cela étoit, le Perroquet seroit intelligent ; car les sons qu'il prononce lui appartenant, il seroit la cause efficiente du sens qu'ils expriment.

L'ame humaine, dites-vous encore, suit la marche des êtres successifs ; elle commence par les moindres termes de l'existence, et se développe successivement, de façon qu'un degré de perfection, dans le corps, est suivi d'un semblable degré de perfection dans l'ame. Mais, trop transparens Philosophes, comment osez-vous avancer un paradoxe aussi révoltant ? Si l'ame s'aggrandit, à la manière des corps, elle s'aggrandit dans sa substance ; si elle s'aggrandit dans sa substance, ce ne peut être que par l'accession de nouvelles parties ; or que sont ces nouvelles parties, si elles ne sont pas corporelles ?

Pour faire sortir nos idées, en particulier,

vous recourez à un principe d'inspiration ;
mais qu'est-ce qu'un principe d'inspiration ,
s'il ne renferme pas les idées qu'il inspire ?
Il émane , dites-vous , de la constitution de
notre être ; mais de quelle partie de notre être
l'entendez-vous ? Si c'est de l'ame , nous ne
lui connoissons aucune constitution différente
des sensations , des idées et des sentimens. Si
c'est du corps , le corps est susceptible de
repos , de figures et de mouvemens ; mais
non de pensées , ni même de sensations. Si
vous l'entendez du corps et de l'ame réunis ,
le principe d'inspiration adhère toujours à l'un
des deux , et alors les mêmes difficultés re-
naissent.

Il n'est donc , ô Philosophes ! d'autres principes d'inspiration que l'activité naturelle de
l'ame. L'ame étant également parfaite dans
tous les hommes , parcequ'elle a , dans tous ,
les mêmes facultés , travaille sur elle-même ,
avec plus ou moins de facilité , selon que la
bonté des organes , l'éducation , le gouverne-
ment et les autres circonstances , développent

plus ou moins bien ses facultés. Dégagée du corps, l'ame pense très-librement ; unie à un corps bien organisé, elle pense avec facilité ; mais unie à un corps mal conformé ou peu développé, elle sent et pense plus ou moins bien, selon le défaut plus ou moins grand des organes.

## I I I.

C'EST avec ce système, sages du siècle, que vous formerez de toutes nos connoissances un ensemble, un tout indivisible, dont les anneaux plus ou moins sensibles, dans chaque individu, selon les différentes causes qui servent à les faire connoître, ont tous leur origine commune dans l'ame.

C'est avec ce système que vous regarderez, avec Platon, l'immuable vérité comme le corps de l'Être suprême, et la lumière que nous en recevons, et qui forme nos ames, comme son ombre créée.

C'est avec ce système que vous verrez Dieu

dans

dans la nature sensible de notre ame. C'est parce que nos sens sont bornés que nous avons l'idée d'objets qui ne le sont pas. Nous n'aurions aucune idée d'une étendue limitée , si nous n'avions pas celle d'un être qui n'a point de bornes.

C'est avec ce système que vous verrez Dieu dans la nature intellectuelle de notre ame. C'est parce que nous concevons qu'il n'est point d'effet sans cause , que nous admettons une première cause. C'est parce que nous concevons que Dieu est possible , que nous concluons son existence ; car, s'il n'existoit pas, comment seroit-il possible ? S'il recevoit l'existence d'un autre , il en seroit dépendant, ce qui répugne à sa nature ; s'il la recevoit de lui-même, il seroit sa propre cause, ce qui est une contradiction dans les termes. Vous le savez , rien n'est possible que par l'existence de celui sans lequel aucun être ne sauroit sortir de sa cause.

C'est avec ce système que vous verrez Dieu dans la nature sentimentale de notre ame.

D

C'est parce que nous sentons le créateur dans ses ouvrages, que nous croyons à son existence, et que nous l'aimons comme père.

Vous m'observez que nos sentimens ne créent pas les objets. D'accord, mais ne les supposent-ils pas? Sans le sentiment inné de la divinité, loin de croire à l'existence d'un Dieu, nous n'aurions pas même l'idée d'une idole. On ne s'occupe pas de ce qu'on ne sent pas. Le sentiment de l'existence d'un Dieu prouve un Dieu, comme celui de la filiation prouve la paternité. Qui ne sent pas son père, quand il se sent contingent?

Le sentiment des Antipodes, dites-vous encore, ne prouve pas les Antipodes. Je le sais; mais doit-on appeler sentiment ce qui ne peut être qu'un faux jugement, ou tout au plus une opinion, un système? Vous le savez, il est encore aujourd'hui dans l'institut même, des philosophes renommés (*), qui nient cette existence, et qu'on n'a jusqu'ici

_____

(*) Le célèbre Mercier, auteur du Tableau de Paris, par exemple.

réfuté que par des ridicules ou des calam-
bourgs. Quoiqu'il en soit, si le système des
Antipodes est un sentiment, il n'est pas du
moins, comme celui de la divinité, du nombre de ceux qu'on développe nécessairement.

Vous ne regardez aucun sentiment comme
fixe, et vous soumettez au changement celui
même de la divinité. Mais sur quoi fondez-vous
un tel paradoxe ? Ce qui tient à la nature n'est-
il pas invariable ? Si l'on voit quelques différence dans les opinions des peuples, touchant
la divinité, elles ne regardent que celles qui
sont surajoutées à la nature ; car quant à l'essence, leurs sentimens sont tous les mêmes, et
s'il est des individus qui cherchent à se faire
illusion à cet égard, on ne les trouve jamais que
parmi ceux qui sont intéressés à croire Dieu,
ce qu'ils le font. Ceux qui ont une conduite
réglée sentent Dieu comme la raison le leur
montre, et ne peuvent lui refuser leur amour,
leur respect, leur culte. Le philosophe New-
ton, dont la conduite étoit sage, avoit un tel
respect pour la divinité, qu'on ne prononçoit

jamais son nom sans qu'il ôtât son chapeau.

C'est pour cela, ô philosophes ! que l'homme de tous les tems et de tous les âges, a toujours tenu et tiendra toujours à la croyance d'un Dieu, quand même il parleroit un langage contraire. C'est pour cela que, sous l'impression même des passions les plus déréglées, et dans les froissemens les plus cruels des révolutions, il a toujours conservé et conservera toujours, même en apostasiant, sa pente naturelle pour la religion ; parceque la principale des idées qui forme son ame, est celle d'un Dieu, et que le développement du plus noble de ses sentimens, l'a toujours porté et le portera toujours vers l'objet de cette idée.

Spinosa, il est vrai, se vantoit d'être athée ; mais l'étoit-il de bonne foi ? Il nioit qu'il existât un Dieu, et il adoroit la nature ; quelle contradiction ! Peut-on comprendre une nature existante sans un souverain moteur ? La nature corporelle, (car c'est de celle-là qu'il parloit,) est toute formée d'atômes différemment arrangés ; or, ces atômes sont inerts par eux-

mêmes, et quand ils seroient actifs, jamais ils
ne pourroient s'arranger de façon à former
les différens êtres qui couvrent la terre, puisqu'ils sont tous aveugles de leur nature. Si les
corps ont besoin d'un moteur sage et tout-puis-
sant pour être arrangés, comment pourroient-
ils se passer de créateur pour exister?

Bayle ne fut point non plus persuadé du
sombre et funeste système de l'athéïsme, et
jamais il ne prononça nettement qu'il n'y a
point de Dieu; et pourquoi? C'est que telle est
la nature de notre ame, qu'elle est tôt ou tard
rappellée à ses idées constitutives, quand elle
obéit à sa conscience; et qu'elle ne se trompe
jamais, en dernière analyse, sur les objets qui
l'intéressent essentiellement.

Le tortueux Freret nous répétera-t-il ici ses
anciennes leçons d'athéïsme à sa belle Eugénie?
Nous dira-t-il encore que les religions juives et
chrétiennes qui nous spiritualisent, ne sont pas
bonnes; que les prêtres ne les ont inventées
que pour leur intérêt; et qu'elles ne peuvent
faire, dans cette vie, puisqu'il n'en est point

d'autre, que d'inutiles enthousiastes, ou de dangereux fanatiques? Mais, ô trop subtil sophiste! sur quoi fondez-vous une opinion qui anéantit également toutes les religions? Pouvez-vous l'établir sur aucun monument des siècles passés? L'histoire n'atteste-t-elle pas, au contraire, que tous les législateurs connus ont trouvé la croyance d'un Dieu établie et invétérée dans l'esprit des nations, et que leurs institutions ont servi, non à lui donner cours, comme à une innovation, mais à la développer et à la perpétuer, comme le sentiment le plus naturel de l'homme. Si la nature ne nous trompe pas, si elle nous fait voir un Dieu dans nos idées, et un père dans nos sentimens, pourquoi donc ôtez vous à ceux qui sont ou qui se croyent malheureux sur la terre, aux vieillards, aux infirmes, aux malades, aux opprimés, à tous ceux qui ne sont pas contens de leurs sort, la consolation d'espérer une meilleure vie? Ah! je le vois, trop transparent philosophe, c'est que vous aimez mieux sentir l'abîme du néant sous vos pieds, que d'envisager les peines et les récompenses d'un Dieu bon et juste, rémunérateur et vengeur. C'est que le néant vous a paru plus favorable pour cacher, dans d'éternels ténèbres, les actions dont vous aviez à rougir. O ! triste raisonneur, jouissez seul de votre désespérant système, et laissez-nous notre Dieu et ses récompenses.

Disons le donc hardiment, jamais le matérialisme n'a pu réellement paroître raisonnable aux yeux de la raison. En tous tems, chacun a dû se dire : tous les modes de la matière se réduisent à trois principaux, la figure, le repos, le mouvement. Or, ces trois modes sont-ils ceux de l'ame ? Ne parlons ici que de la pensée qui la caractérise particulièrement. La pensée est-elle une figure ? Non ; car nous ne distinguons pas l'idée du vice de celle de la vertu, par une figure ronde ou carrée. La pensée est-elle un repos ? Non ; car dans la recherche de la vérité, l'étude est un travail qui fatigue, tandis que le repos est la correspondance tranquille d'un corps à un même point de l'espace. La pensée est-elle un mouvement ?

Non; car tout mouvement est la correspondance successive d'un corps à différens points
de l'espace, tandis que la pensée vole de Paris
à Pékin, et de la terre aux astres, avec une
vélocité qui n'a aucune analogie à une trans-
lation successive.

Hé! que deviendrions nous, ô mes Concitoyens! au milieu de toutes les afflictions qui
nous environnent dans cette courte vie, si l'a-
théisme étoit réellement possible! Il éteindroit
dans l'homme, en très-peu de tems, l'amour
du bon et du juste; il effaceroit insensiblement
les notions des principes les plus évidens, et
nous armeroit infailliblement, pour le moindre
intérêt, les uns contre les autres. Car, si notre
être finit à la dissolution du corps, nous n'a-
vons rien à redouter ni à espérer dans une autre
vie; or, qui ne craint ni n'espère rien pour
l'avenir, n'a aucune distinction à mettre dans
les règles de sa conduite. De-là, l'oubli de la
belle nature et de la vérité. De-là, le mépris
pour les affections sublimes et les développemens généreux. De-là, Socrate et Cromwel,

Lucrèce et Fénélon sur la même ligne. De-là,
l'indifférence, non-seulement pour les étran-
gers, mais même pour ses voisins, ses amis,
ses parens. De-là, la guerre de ceux qui n'ont
rien contre ceux qui ont quelque chose. De-là
encore, cette insolente hardiesse qui prend la
place de la candeur ; cette honteuse lubricité
qui remplace l'amour honnête ; cette soif dé-
vorante de la vengeance qui succède à la bonté
et à l'humanité. De-là enfin, cette confusion
générale et ce cahos fatigaant, où roulent pêle-
mêle et sans ordre, tous les élémens opposés
du monde moral et politique.

En ôtant la religion à l'homme, vous l'at-
taquez dans son essence, et vous le privez de
tout ce qui peu lui rendre chère son existence.
Car, parmi ses desirs, celui qui l'intéresse le
plus, c'est celui d'une vie immortelle, puisée
dans le principe éternel de toutes les existences. Placez quel individu vous voudrez dans
les plus belles fêtes, s'il n'y voit rien qui annonce son Dieu et les espérances qu'il en conçoit, il ne s'y plaira pas long-tems, parce que
rien ne peut l'intéresser solidement que ce qui

est éternel, et que Dieu seul est la vie de l'ame comme l'ame est la vie du corps : *inquietum est cor nostrum donec requiescat in te.*

Voilà, ô philosophes ! les lumières qui sortent naturellement du systême des sensations, des idées et des sentimens innés. Ce systême nous tient unis à la Divinité, par toutes nos facultés ; il fournit, pour toutes nos connaissances, un fond toujours prêt, et indépendant des organes et des objets extérieurs, parce qu'il nous présente toujours immédiatement et le monde et son auteur.

Vous croyez renverser mon opinion, en attribuant, avec Condillac, nos sensations aux organes des sens ; mais si l'œil formoit par lui-même la sensation de la vision, par exemple, ne verrions-nous pas de nuit comme de jour ? Vous attribuez aussi nos sensations aux objets extérieurs ; mais combien n'en avons nous pas qui en sont indépendantes ? J'ai, dans un rêve, le goût et l'odorat d'un bon diner, sans avoir sous mes organes rien de ce qui y entre. Je rêve que je déroule un titre en parchemin, et aussitôt que j'arrive au cachet, j'éprouve une odeur de cire, sans avoir de cire sous le nez. Tout ce qui est extérieur à l'ame est l'occasion et non la cause du développement de ses facultés. Nos organes et les objets extérieurs sont les instrumens et non la matrice, ni la cause générative de ses facultés. *Tua mens est omnia quæque, etc.*

Vous m'objectez que notre ame est donc la lumière du soleil, la splendeur des astres, le bleu du ciel, le verd des prairies. Oui, ô philosophes! notre ame est tout cela dans le sens qu'elle renferme l'image développée ou indéveloppée de tous ces objets : elle est même tout ce qu'elle conçoit de possible; car d'où viendroient toutes les images qui se présentent quelquefois à notre esprit, et qui n'ont point d'analogues dans la nature?

Nouveau Narcisse, oui, c'est lui-même que l'homme admire, lorsqu'il contemple les beautés des créatures qu'il voit, ou qu'il imagine celles des créatures qu'il ne voit pas, ou qui ne sont que possibles. C'est par ces beautés constitutives de son être, que notre ame jouit d'une espèce d'immensité, puisque, sans être matérielle, elle colore toute la nature, et que, sans être infinie, elle a toujours de nouvelles conceptions à développer. C'est par ces différentes facultés que l'homme tient à l'univers entier, et, s'il existoit un seul objet, sur la terre, qui ne servit pas à en développer quelqu'une, cet objet ne seroit pas fait, ou seroit nul pour lui.

C'est-là le sens, et le seul sens dans lequel on puisse dire : *Nihil est in intellectu quod prius non fuerit in sensu*; car, on ne peut, sans absurdité, attribuer aux organes la faculté de distinguer la vérité, du mensonge ; la vertu, du crime. Nos yeux, en nous faisant voir le ciel, ne nous montrent pas l'infini des espaces qui est *in intellectu*, mais seulement l'étendue bornée et visible qui est *in sensu*. Encore, peut-on dire que cette distinction est inutile, puisque, et sensations, et idées, et sentimens, tout appartient à la même ame.

Vous demandez pourquoi donc l'homme

rapporte

rapporte toutes ses sensations aux organes et
aux objets extérieurs. Pourquoi, ô philosophes ! C'est qu'il le falloit ainsi, pour n'être
pas trompés sur ces objets eux-mêmes. C'est
que, sans cette loi de la nature, loin de pouvoir distinguer les objets corporels avec lesquels nous sommes en rapport, nous ne pourrions pas même connoître le siège d'aucune
de nos maladies, et qu'il faudroit, pour les
guérir, hasarder mille remèdes sans être sûrs
d'en appliquer aucun à propos et avec succès.

Nos sensations sont divisibles, dites-vous ;
le goût n'est pas l'odorat. Distinguons, ô philosophes ! et ne confondons rien. Je sais qu'en
plaçant les cinq doigts de la main chaude sur
les cinq doigts de la main froide, j'ai cinq sensations distinctes de chaud et cinq de froid ;
mais ces sensations sont-elles divisibles pour
cela ? Je reçois vingt piqûres en vingt endroits
du corps, où est la division de ces vingt sensations douloureuses ? L'ame n'est-elle pas
dans tout le corps, comme dans une seule
place, et les piqûres ne sont-elles pas dans

E

vingt? Or, ce qui se trouve en vingt places est divisible, et ce qui ne sauroit être qu'en une est indivisible. Tous les modes de l'ame peuvent exister ensemble, parce qu'ils ne s'excluent pas; et ils n'ont pas besoin de places corporelles pour exister, parce qu'ils appartiennent tous à une seule et même ame, à une seule et même conscience.

Nos sensations, dites-vous encore, ne sont pas simples, si elles peuvent ne plus exister, car ce qui est simple est indissoluble; or, elles le peuvent; car, à la mort du corps, elles n'existent pas plus que l'harmonie d'un violon brisé. Quelle comparaison, ô philosophes! n'en sentez vous pas vous-mêmes la fausseté? L'harmonie n'est pas dans le violon, elle est dans l'ame; et tandis que le violon a besoin d'un agent extérieur, pour rendre ses sons, l'ame n'a besoin que d'elle-même pour développer ses facultés. Chaque animal agit de lui-même, par les sensations ou les idées qui constituent son ame; et le violon resteroit éternellement inert, sans la main du joueur qui

en tire des sons harmoniques. D'ailleurs ,
l'anéantissement d'un être ne prouve pas sa
composition ; car Dieu peut anéantir les êtres
simples comme les autres, puisqu'il les a créés.

## I V.

VOUS demandez maintenant pourquoi
l'ame de l'homme créé innocent éprouve des
sensations douloureuses, soit qu'elle fasse le
bien, soit qu'elle fasse le mal. Je pourrois vous
répondre que cela passe les lumières de la
raison ; mais il est mieux de dire, puisque nous
le sentons, que cela vient de l'éternelle justice du créateur, qui a puni les abus de la
liberté dans tous les êtres créés raisonnables.

Vous répliquez que les enfans ne sont pas
responsables des fautes de leurs parens ; mais
qui sommes-nous, ô mes concitoyens ! pour
prononcer sur cette question ? Pouvons-nous
connoître toutes les suites de l'union d'une
ame à un corps, dont quelqu'ancien désordre
auroit corrompu l'économie organique ? Il faut

bien que cette économie ait été corrompue, dit M.r Paschal ; car, sans cela, l'homme seroit à lui-même le plus grand des mystères.

Au reste, le sage se console aisément des maux qu'il éprouve en conséquence de ce désordre, et même de la mort du corps, qui en est la dernière peine temporelle. Mon ame est immortelle, 'se dit-il à lui-même ; ses formes substantielles sont impérissables, puisqu'elles sont simples et indivisibles. Qu'importe si ce qui est corporel, composé, et qui change tous les jours en moi, se dissout enfin et se perd dans les mouvemens généraux de la matière, pourvu que ce qui y est de sensible, d'intellectuel et de sentimental, y reste à jamais impérissable ; or cela ne sauroit être douteux, car les êtres qui, comme nos ames, n'acquièrent point de nouvelles substances, et n'en perdent point d'anciennes, ne sauroient périr par la dissolution.

Mais, que dirai-je de quelques philosophes indignes de ce nom, qui ne craignent pas d'avancer que toute substance est indestructible

en soi-même, sans en excepter même la matière? Devroit-on entendre de pareilles absurdités dans ce nouveau siècle de lumières?
Qu'ils disent donc aussi ces raisonneurs téméraires, qui attaquens le pouvoir céleste, qu'ils
disent que toute substance est incréable et
éternelle; et ils auront alors renouvellé la
plus ancienne des absurdités. Quoi, la matière qui, de sa nature, est inerte, auroit une
force éternelle d'action pour exister, et Dieu
lui-même ne pourroit rien créer ni détruire?
Ah! qu'ils s'épargnent à eux-mêmes d'aussi
honteuses inconséquences!

D'ailleurs, la consolante immortalité que
celle que donne l'indestructibilité des êtres!
Que ne veniez-vous plutôt, ô philosophes aussi
bienfaisans que lumineux, nous proclamer ce
bonheur insigne! Vous nous auriez dispensé
de rendre grace à la bonté divine, pour avoir
accordé aux esprits ce qu'elle ne pouvoit refuser à la matière. Quel encouragement ne
donne pas à la vertu une pareille découverte!
Je croyois devoir l'éternelle durée de mon

E 3

ame à la justice d'un Dieu qui récompense, ou qui punit les êtres libres, qui font le bien ou le mal, et je la dois à la nécessité d'exister, dès-là que j'ai reçu l'être. Oh !......

Nous concevons tous que rien de ce qui est sujet à se dissoudre ne se perd ; que chaque être corporel rentre, à la mort, dans la sphère des mouvemens de la matière ; mais qui garantit à cette même matière cette métamorphose éternelle, ou plutôt cette existence précaire qui fuit de formes en formes ? Si l'être suprême cesse jamais de créer des esprits destinés à animer des corps, à quoi servira l'existence muette de toute la matière ?

L'être suprême auroit-il donné à notre ame la raison, la liberté et la perfectibilité de ses développemens, s'il n'avoit eû d'autre sort à lui accorder que celui de la matière ? Lui auroit-il découvert cet ordre intellectuel et moral, qui ne paroît se rapporter ni à la conservation des corps, ni à aucun des plaisirs des sens, s'il ne l'avoit destiné à le connoître et à l'aimer éternellement ? Les facultés précieuses qui élèvent si fort l'homme au-dessus des bêtes, n'auroient-elles donc d'autre objet que de satisfaire des goûts que nous partageons, en rougissant, avec les plus vils animaux ? Le courage héroïque de nos guerriers, les connoissances profondes de nos philosophes et les sublimes élévations des ames religieuses, tout cela doit-il se perdre dans le boire et le manger, dans le sommeil et la veille, dans le repos et l'action des organes corporels, ou dans la dissolution des corps animés ?

Ah ! espérons mieux, ô philosophes ! et sentons d'avance le bonheur de notre destinée. Si le guerrier est fier d'une grande réputation de courage ; si le marchand est enchanté de la perspective des richesses ; si le savant est flatté d'une grande réputation de connoissances, l'homme religieux sera-t-il insensible à la gloire et au bonheur que lui présentent ses éternelles espérances ? Ne nous décourageons pas de ce qu'il peut y avoir de terrestre dans notre carrière religieuse. Ainsi que la chenille hideuse traîne, sur la terre, une vie

obscure, et s'enferme dans un tombeau, don'
elle ne sort que parée des plus riches couleurs ;
de même l'homme, ici-bas, ne vit quelques
instans, dans un état abject, que pour mieux
préparer sa glorieuse métamorphose. Il est,
selon l'expression du Dante, un ver né pour
devenir un ange.

L'immortalité de notre ame ne peut donc
plus être douteuse, mais ne croyez pas comme
quelques-uns le disent, qu'elle consiste à fuir de
formes en formes corporelles ; sa vie alors
dépendroit des corps qui peuvent être anéan-
tis, sans injustice. Elle consiste dans sa nature
spirituelle, et dans la justice divine ensemble.
Notre ame est immortelle, non qu'elle soit
indestructible, puisque celui qui lui a donné
l'être peut le lui ôter ; mais parce qu'étant
libre, de sa nature, elle mérite ou démérite,
et que la destruction d'êtres intelligens qui
font le bien ou le mal librement, est absolu-
ment contraire à la bonté et à la justice du
créateur et du modérateur de tous les mondes.

D'ailleurs, l'immortalité n'est pas précisément une durée; la bête, les corps mêmes insensibles pourroient la partager avec l'homme; c'est une vie sentie qui ne finit jamais, parce qu'elle renferme nécessairement le desir éclairé et inextinguible de sentir et de penser toujours.

Vous demandez ce que devient l'ame des bêtes, qui est aussi d'une nature spirituelle. J'ai donné ma réponse, à cet égard, dans la nouvelle *Théorie de l'ame des bêtes*, etc. leçon 4, paragraphe 2; où je dis qu'il est bien naturel que des ames formées uniquement de sensations, finissent leur existence, quand elles n'ont plus rien à sentir. Des ames de cette espèce n'ont ni les idées qui font connoître le bien et le mal, ni les sentimens qui font aimer l'un ou l'autre; ce qui est nécessaire pour une vie véritable et sentie.

La bête ne connoît pas de vie immortelle, pourquoi la désireroit-elle? Elle n'a aucune notion d'un Dieu, comment en jouiroit-elle? Elle ignore la main qui l'a formée; elle ne se prosterne point, comme l'homme, aux pieds de l'éternel ; elle n'adore point la bonté ineffable qui lui a donné l'être ; pourquoi et comment rempliroit-elle ces sublimes fonctions dans une autre vie ? Il n'appartient qu'à des êtres intelligens et libres, qui peuvent mériter ou démériter, d'exister et de vivre des grandes idées de Dieu, de ses ouvrages et de leurs rapports respectifs.

Vous me dites que l'ame de la bête raisonne, quoique moins bien que l'homme ; mais ne faut-il pas, pour cela, pouvoir comparer sensations, sentimens, idées ? Or la bête ne compare pas ses sensations, puisqu'elle ne sait pas même qu'elle en a ; elle ne compare ni sentimens, ni idées, puisque ses actions sont toujours les mêmes, et qu'elle ne sait varier aucun de ses ouvrages. Si la bête avoit des idées, elle les combineroit, elle varieroit les moyens d'atteindre à son but ; or, c'est ce que nous ne voyons jamais, car l'hirondelle fait aujourd'hui son nid, comme elle l'a toujours fait, etc.

Je vois un arbre, la bête le voit aussi : voilà

la sensation ; mais dès que j'ai vû un seul arbre,
je forme aussitôt le jugement de la figure,
de la couleur, de la hauteur et de l'existence
possible d'un grand nombre d'arbres sem-
blables. La bête juge-t-elle de même ? Je juge
parce que j'ai des idées, et que je les compare.
La bête ne juge pas, parce qu'elle n'a que
des sensations, et que tout être qui est borné
aux sensations ne sauroit juger des idées.
L'ame de la bête ne juge pas plus qu'elle
voit, que l'œil, en nous, ne juge qu'il voit.

Il en est qui croyent que la bête est aussi
libre que l'homme, parce qu'elle prend toujours son parti ; mais prend-t-elle son parti,
comme l'homme, avec réflexion et connoissance de cause ? Elle se détermine, comme
une girouette sur un toît, qui tourne toujours
de quelque côté, et au gré du vent le plus
fort. La liberté veut, dans les actions, des
motifs raisonnés de détermination ; or quels
motifs raisonnés ont des êtres qui ne suivent
que leur instinct, c'est-à-dire l'impression que
développe, en eux, l'image ordinaire des

objets sensibles ? Le cheval a-t-il des motifs bien éclairés de détermination, en restant immobile, à sa place, lorsque son écurie est en feu?

Vous m'objectez la mémoire, le langage, l'industrie et les passions des bêtes; mais souvenez vous donc, ô philosophes! que les bêtes ont la mémoire des sensations, et non celle des idées; que leur langage n'exprime que des sensations ou l'annonce du besoin phisique, et non des pensées; que leur industrie n'est que l'effet de l'instinct, puisque rien n'est varié dans leurs ouvrages; et que leurs passions ne sont ni libres, ni morales, puisqu'elles ne sont que le jeu des sensations mises plus ou moins fortement en jeu, par l'instinct qui les porte à satisfaire leurs besoins phisiques.

Vous m'observez que l'activité de l'instinct est égale à celle de la raison; mais quelle différence ! L'activité de l'instinct n'est capable que d'une spontanéité aveugle, parce que, si l'animal sent, il ne sait pas qu'il sent, au lieu que

que l'activité de la raison est capable d'une spontanéité éclairée, qu'on appelle volonté, parce que la raison répand toujours des lumières sur tout ce qu'elle touche, et qu'elle se porte toujours, avec réflexion, à tout ce qu'elle touche.

Peut-on, après cela, dire, avec quelques philosophes qui mentent à leurs consciences, que la bête mérite comme l'homme, puisqu'elle fait le bien comme lui ? Que doit la divinité à des êtres qui ne font le bien ou le mal que matériellement ? Si la bête évite une mauvaise action, ce n'est pas qu'elle y attache aucune idée de mal moral, c'est que les sensations qu'on lui a fait éprouver, à cette occasion, lui ont été désagréables. Si le chien est fidèle, ce n'est pas par fidélité, c'est par un effet de la providence du créateur, qui lui a donné l'instinct de nous garder.

Si l'ame de l'homme est si différente de celle des bêtes ; si son sort doit être si différent du leur, pourquoi donc s'avise-t-on quelquefois de rêver qu'elle se replonge, à la

F

mort, dans le grand tout de l'intelligence divine ? Ne voit-on pas qu'alors elle ne seroit plus ame, puisqu'elle n'animeroit plus rien, et qu'elle formeroit, non l'union, mais le mélange impossible et contradictoire de la nature créée avec la nature incréée ? Comme le feu, après avoir langui long-tems ignoré dans le caillou, sort avec une vive lumière, par la collision de l'acier, sans se mêler dans la substance du soleil dont il tire son existence, de même notre ame, en se séparant du corps, par la loi des efforts, se montre dans un nouveau jour, en développant toutes ses facultés, sans confondre son existence avec la substance divine dont elle tient tout ce qu'elle est.

Un des derniers avantages du système que je vous propose, c'est que nous pouvons en tirer une preuve naturelle de la résurrection des corps. Si nos sensations sont innées ; si elles sont une partie indivisible de notre ame ; si elles se rapportent toutes naturellement au corps, pour lequel elles ont été créées ; les corps doivent ressusciter ; car les sensations deviendroient inutiles à l'ame, si les corps qu'elles ont dirigés ne devoient pas revivre un jour, pour partager avec elle, du moins matériellement, soit le bonheur, soit le malheur.

## V.

C'est d'après toutes ces vérités bien conçues et bien méditées, ô mes Concitoyens! qu'il doit nous être fort indifférent, pour découvrir le vrai, dans les questions les plus épineuses, d'employer ou la synthèse de Descartes, ou l'analyse de Condillac. Car, peu importe, si toutes nos idées sont innées, c'est-à-dire, consubstantielles à notre ame, comme nous l'avons vû, de quel côté l'on commence l'échelle des êtres, et celle de leurs propriétés, puisque chaque être, et chacune de ses propriétés, ne se présentent à nous que par des idées simples, et qu'il est égal de monter ou de descendre ces échelles, quand l'ame en a tous les échellons à sa disposition, et qu'il lui suffit, pour les connoître, de se regarder elle même, en se livrant à la méditation et à l'expérience : *mentem nosce tuam*, etc.

En effet, quoiqu'en dise Condillac, la synthèse ne compose pas plus nos idées, que l'analyse ne les décompose, puisqu'elles sont toutes simples. Ce qui se compose ou se décompose en nous, comme je l'ai déjà dit, ce sont nos jugemens ; car notre ame n'a d'autre action que ses jugemens ; et ses jugemens sont toujours bons, toujours évidens, et toujours aussi vrais que nos idées elles-mêmes, indépendamment de l'analyse et de la synthèse, quand ils sont renfermés les uns dans les autres, par des syllogismes exacts.

Si nos idées sont si identifiées avec notre ame ; si nos jugemens sont si sûrs, quand ils sont l'expression fidèle de nos idées, pourquoi donc en est-il, parmi vous, qui soutiennent aujourd'hui que la métaphysique et la morale ne sont pas susceptibles de démonstration ; que la plûpart de leurs objets sont de l'invention des prêtres, et qu'il n'est que les mathématiques qui démontrent? D'où

viendroit ce privilège particulier aux idées
des nombres, de l'étendue et des figures ?
Toutes nos idées, quel qu'en soit l'objet, ne
sont-elles pas également claires et sûres ? Les
discours ordinaires des hommes sont-ils composés d'autre chose que de conceptions mé-
taphysiques, et faut-il, pour cela, douter de
tout ce qu'ils renferment ? L'on parvient, je
pense, à la démonstration toutes les fois que,
par une troisième idée, on apperçoit immédiatement le rapport ou l'opposition de deux
autres idées ensemble, soit que l'archétype
de ces idées soit corporel, soit qu'il soit spirituel, parce que cet archétype est toujour
en nous, et que s'il n'y étoit pas, nous ne
pourrions jamais en avoir l'idée.

La certitude n'est conséquemment que la
perception du rapport ou de l'opposition de
quelques idées ensemble, comme la démonstration n'est qu'une longue série des raisons
qui prouvent ce rapport ou cette opposition ;
ce qui a lieu pour la métaphysique et la morale, comme pour toutes les autres sciences.

## V I.

E V I T E Z donc, ô philosophes! vous qui êtes faits pour éclairer la terre, évitez les erreurs de nos raisonneurs modernes. Ne mentez pas, comme eux, à votre conscience, en assurant, avec Lucrèce, que tout est matière ; avec Locke, que Dieu peut faire penser la matière ; avec Condillac, qu'une statue peut, dans quelques circonstances, s'ouvrir, sans ame, à certaines sensations, et dans d'autres, à quelques idées, à quelques sentimens ; comme si tout cela n'étoit pas contraire à la raison créée qui nous distingue des bêtes, et aux attributs constitutifs des esprits qui ne peuvent regarder les corps. Ne mettez plus en principe, dans vos raisonnemens, comme Helvétius, que nos sensations, nos idées et nos sentimens ont leur source dans la sensibilité physique, puisque c'est-là précisément la question, et que cette sensibilité elle-même est inconcevable dans des organes incapables de sentir par eux-mêmes. Ne dites plus, avec la plûpart de nos philosophistes, qu'il n'est point d'idées innées, puisque, sans elles, il pourroit y avoir un *péché philosophique*, c'est-à-dire qu'on pourroit faire le matériel d'un crime, sans faire attention qu'il est un auteur suprême de l'ordre qui le défend ; ce qui est contraire au sentiment intime que nous avons de la liberté éclairée dont nous jouissons. Honorez la philosophie du siècle dans lequel nous entrons, par des principes plus sûrs, plus consolans et plus vrais que ceux adoptés par tant d'idéologues téméraires, dont les définitions fausses ou insignifiantes ne peuvent que nous égarer. Consultez l'essence même de cette belle ame, principe de notre raison, qui régit la terre, sans en partager la nature, et ne la réduisez pas au niveau du corps, dont les principes constitutifs ne renferment aucun germe de pensées. Ne confondez p'us ses facultés avec ses actes ou jugemens, et alors vous ne serez plus tentés de croire, avec nos pseudo-philosophes, que nous formons nous-mêmes nos idées, et qu'elles dépendent autant de nous que nos jugemens.

C'est d'après toutes ces observations, ô mes concitoyens! que vous verrez dans votre ame, avec évidence et sans gêne, toutes les vérités théoriques et pratiques qui nous intéressent : *mentem nosce tuam, etc.* C'est alors que vous observerez mieux les causes et les effets, que vous verrez mieux l'origine des choses, et notamment celle de ces institutions funéraires pour lesquelles on cherche aujourd'hui, si laborieusement, des formes nouvelles. C'est alors que vous concevrez parfaitement ques ces institutions, qu'on a tant cherché à abolir, sont, par essence, non seulement un premier besoin de l'homme pour la civilisation, comme on en convient aujourd'hui, mais encore une inspiration de la nature, suivie par la raison, sans être enseignée par elle, et qu'une vaine philosophie a seule osé combattre. *Hœc ita sentimus naturâ duce, nullâ ratione, nullâque doctrinâ.* Cic. Tusc. lib. 1, n. 13. C'est alors que vous vous convaincquerez que le fondement d'un usage si général est la persuasion de l'immortalité de l'ame, puisque, sans cette persuasion, toute cérémonie funèbre, qu'on nous présente comme un devoir de piété communale, ne seroit qu'un simulacre vain et insignifiant, s'il n'étoit en même tems un devoir de piété religieuse.

Devroit-on s'occuper aujourd'hui de l'invention de nouvelles formes dans les cérémonies funèbres? Les chrétiens, dont la France est pleine, n'en ont-ils pas de bonnes et bien touchantes? et ceux qui parmi nous ne sont pas chrétiens, en ont-ils besoin, ou en desirent-ils? Quoi de plus consolant que de voir un prêtre de Jésus-Christ qui prie pour les morts, et qui annonce aux vivans que le Dieu d'Abraham, d'Isaac et de Jacob, n'est pas le Dieu des morts? Tout, dans ce qu'il prononce, ne fait-il pas assez connaître la destinée immortelle des ames? La croix qui le précède, en exposant l'image d'un homme Dieu, qui a expié par sa mort les péchés des hommes, ne réveille-t-elle pas assez nos es-

pérances, et ne nous montre-t-elle pas, avec
le sentiment de la persuasion, la résurrection
des corps, jusque dans le fond même des tom-
beaux ? N'est-ce pas, en unissant la terre au
ciel, que cette croix adorable fait dire au
chrétien, avec un saint orgueil, comme l'a-
pôtre, 1 cor. 15, 55. *Ubi est mors victoria
tua, ubi est mors stimulus tuus?* Pour quel
motif le Christ est-il mort, sinon pour nous
donner l'assurance de la résurrection, en res-
suscitant lui-même ? S'il n'est pas ressuscité
pour nous, pour qui est-il ressuscité, puisqu'il
n'a jamais eu de raison de ressusciter pour
lui-même ?

Enfin, ô philosophes ! vous qui voulez être
autant les amis des vertus religieuses que des
sciences exactes, concluez que, puisqu'il
existe un Dieu juste, rémunérateur et vengeur, que, puisque toutes nos facultés sont
indivisibles, innées, libres dans leurs développemens et impérissables de leur nature ;
concluez, dis-je, que nous trouverons tous,
après la mort, la récompense ou la peine dues

au mérite ou démérite de nos actions; que le
bonheur de ceux qui auront bien usé de leur
liberté, consistera dans une conformité heu-
reuse à l'ordre, qui remplira leurs ames de la
douceur de tous les développemens agréables
et innocens de l'esprit et des sens, et que le
malheur de ceux qui en auront abusé, consistera, au contraire, dans une opposition
malheureuse à l'ordre, qui amenera en eux
tous les développemens capables de les affliger
et de les faire souffrir dans le corps et dans
l'ame.

Voilà, ô mes concitoyens! quel est mon
systême sur une matière traitée et rebattue par
mille et mille philosophes. Je le fonde, comme
vous voyez, sur d'anciennes et nouvelles raisons, qui le rendent, je pense, le plus beau,
le plus sûr et le plus consolant de tous les
systêmes. Cependant, si quelqu'un peut oppo-
ser un seul argument victorieux à la chaîne
des raisonnemens sur lesquels je le fonde, ou
attaquer solidement les vérités auxquelles je
l'attache, je le prie de parler, il me tirera

d'une erreur; ou s'il peut me communiquer, sur cette matière, des principes plus lumineux et plus clairs, en me faisant connoître la vérité, il m'inspirera la plus vive reconnoissance. Mais, s'il me contredit sans raison; s'il blâme tout, sans rien réfuter; s'il détruit tout, sans rien remplacer, je le regarderai comme un sot qui parle sans motifs, un ignorant qui n'oppose que son opinion, ou un vandale qui se borne à la destruction.

**F I N.**

www.ingramcontent.com/pod-product-compliance
Lightning Source LLC
LaVergne TN
LVHW022013080426
835513LV00009B/700